BEI GRIN MACHT SICH IHR
WISSEN BEZAHLT

AF148956

- Wir veröffentlichen Ihre Hausarbeit,
  Bachelor- und Masterarbeit

- Ihr eigenes eBook und Buch -
  weltweit in allen wichtigen Shops

- Verdienen Sie an jedem Verkauf

Jetzt bei www.GRIN.com hochladen
und kostenlos publizieren

Jeanette Banane

Leben in Armut. Der Umgang mit dem Geld

GRIN Verlag

Bibliografische Information der Deutschen Nationalbibliothek:

Die Deutsche Bibliothek verzeichnet diese Publikation in der Deutschen National-
bibliografie; detaillierte bibliografische Daten sind im Internet über http://dnb.d-
nb.de/ abrufbar.

Impressum:

Copyright © 2013 GRIN Verlag GmbH
Druck und Bindung: Books on Demand GmbH, Norderstedt Germany
ISBN: 978-3-656-59684-4

Dieses Buch bei GRIN:

http://www.grin.com/de/e-book/268666/leben-in-armut-der-umgang-mit-dem-geld

GRIN - Your knowledge has value

Der GRIN Verlag publiziert seit 1998 wissenschaftliche Arbeiten von Studenten, Hochschullehrern und anderen Akademikern als eBook und gedrucktes Buch. Die Verlagswebsite www.grin.com ist die ideale Plattform zur Veröffentlichung von Hausarbeiten, Abschlussarbeiten, wissenschaftlichen Aufsätzen, Dissertationen und Fachbüchern.

Leben in Armut-
Der Umgang mit dem Geld

Erstellt von: Jeanette Banane
Abgegeben bei: Ver.di Hannover

Inhalt

INHALT .... - 2 -

EINLEITUNG .... - 3 -

1   LEBEN IN ARMUT – ZAHLEN, DATEN, FAKTEN .... - 4 -

1.1   Definition von Armut .... - 4 -

1.2   Stufen der Armut .... - 5 -

1.3   Warum Armut in Deutschland existiert .... - 6 -

2   UMGANG MIT GELD – WILLKOMMEN IM ALLTAG .... - 7 -

2.1   Ausgangsituation .... - 7 -

2.2   Erfassen der Einnamen oder Ist es wirklich so wenig? .... - 7 -

2.3   Erfassen der Ausgaben oder Wo ist mein Geld nur hin? .... - 8 -

2.4   Zuviel Geld für Kosmetik? Das gibt es nicht .... - 8 -

2.5   In Zukunft wird alles anders oder auch nicht .... - 8 -

2.6   Anderen geht es schlechter .... - 9 -

3   FAZIT .... - 10 -

QUELLVERZEICHNIS .... - 11 -

Einleitung

Tag für Tag hört man in den Nachrichten von der Armut in vielen Ländern. Kinder verhungern oder sterben an Krankheiten, die bei uns längst ausgestorben sind. Täglich sterben ca. 30.000 Menschen[1] an den Folgen von Armut.

Doch Armut spielt nicht nur in den weit entfernten Ländern eine große Rolle, sondern auch unsere Auszubildenden sind davon oft betroffen. Jeden Monat überlegen diese wie sie sich eine Fahrkarte leisten können, um zur Ausbildung zu kommen oder ob es wichtiger ist eine der offenen Rechnungen zu zahlen, welche auf dem großen Stapel offener Rechnungen liegt. Doch wie kommen sie dann zur Ausbildung? Gar nicht bedeutet Abzug von der Ausbildungsvergütung und im nächsten Monat noch weniger Geld, aber ein abgestelltes Handy heißt Verlust an Sozialkontakt. Es ist ein ewiger Kreis, aus dem es für viele aus eigener Sicht kein Entkommen gibt.

Wir wollen den Auszubildenden helfen ihre Finanzen besser im Überblick zu behalten, die Ausgaben zu minimieren und zu kontrollieren. Gleichzeitig sollen sie aber auch lernen nicht vor Problemen davon zu rennen, sondern sich damit auseinanderzusetzen und ein Verständnis dafür zu erlangen wie arm oder auch nicht arm sie wirklich sind.

In meiner Arbeit als Ausbilderin in einer überbetrieblichen Ausbildung habe ich gelernt, dass diese Auszubildenden viele Probleme mit sich tragen und teilweise aus sehr schwierigen Verhältnissen kommen. Den Umgang mit Geld konnten sie nie lernen, denn Geld gab es nie in der Familie. Nicht zu wissen, wie man die Rechnungen bezahlen soll, kaum noch etwas zu essen im Kühlschrank, die Wohnungskündigung schon auf dem Tisch und jede Menge Träume im Gepäck machen das konzentrierte und ausdauernde Lernen kaum möglich.

Es ist meine Aufgabe den Auszubildenden einen Weg zu zeigen mit den Gegebenheiten zu leben und einen Blick für die Realität im Umgang mit Geld zu bekommen.

---

[1] Quelle www.armut.de, entnommen am 27.08.2013

1 Leben in Armut – Zahlen, Daten, Fakten

1.1 Definition von Armut

Quelle: Eigene Darstellung

Warum sind Menschen arm? Wo fängt Armut an? Ist Armut gleich Armut oder welche Stufen gibt es? Im Internet sind dazu verschiedene Definitionen zu finden. So heißt es z.b.

„Erscheint eine Notlage nicht mehr zeitlich begrenzt, sondern für die Lebenslage insgesamt bestimmend, wird die Lebenssituation als Armut bezeichnet, wobei herkömmlicherweise zwischen absoluter und relativer Armut unterschieden wird."[2]

„Der Entwicklungsausschuss der OECD (DAC) versteht unter Armut verschiedene Arten von Entbehrungen im Zusammenhang mit der Unfähigkeit, menschliche Grundbedürfnisse zu befriedigen. Zu diesen Bedürfnissen gehören vor allem der Konsum und die Sicherheit von Nahrungsmitteln, Gesundheitsversorgung, Bildung, Ausübung von Rechten, Mitsprache, Sicherheit und Würde sowie menschenwürdige Arbeit."[3]

„Armut bezeichnet primär mangelnde Befriedigung von Grundbedürfnissen wie Kleidung, Nahrung, Wohnung, Gesundheit. Im weiteren und übertragenen (metaphorischen) Sinn bezeichnet Armut allgemein einen Mangel."[4]

Auch wenn es verschiedene Definitionen gibt, so ist allen ersichtlich, dass dem Menschen etwas fehlt und es sich dabei meist um Grundbedürfnisse handelt.

---

2 Vgl. Prof. Dr. Nick Lin-Hi, http://wirtschaftslexikon.gabler.de/Definition/armut.html, entnommen am 02.09.2013
[3] Vgl. Bundesministerium für wirtschaftliche Zusammenarbeit und Entwicklung, http://www.bmz.de/de/service/glossar/A/armut.html, entnommen am 02.09.2013
[4] Wikipedia, http://de.wikipedia.org/wiki/Armut, entnommen am 03.09.2013

1.2 Stufen der Armut

Es werden hauptsächlich drei Stufen der Armut unterschieden:

Gefühlte Armut: Diese Art der Armut lässt sich nicht konkret an Zahlen oder Einkommen festhalten. Es handelt sich dabei mehr um eine empfundene Armut auf Grund gesellschaftlicher Ausgrenzung oder Ausgrenzung aus bestimmten Kreisen. z.b. der Ausschluss aus dem Golfclub da das Einkommen nicht den Erwartungen des Clubs entspricht.[5]

Relative Armut: Unter relativ Arm versteht man die Menschen, denen es an materiellen und immateriellen Gütern fehlt, diese aber nicht so notwendig sind, dass man ohne diese nicht existieren kann. Die Grundbedürfnisse können gedeckt werden, das Einkommen reicht jedoch nicht aus um sich sein Leben angenehmer zu gestalten. Von relativer Armut spricht man bei einem Einkommen unter 50% des Medianeinkommens[6] der jeweiligen Region. Ab 60 % und darunter spricht man bereits von einem Armutsrisiko. 1998 waren 12,1 % der Deutschen vom Armutsrisiko betroffen.[7]

Absolute Armut: Menschen, die in absoluter Armut leben, können oft nicht einmal die Grundbedürfnisse decken. Es fehlt ihnen an der Möglichkeit sich ausreichend und gesund zu ernähren, sowie am sozialen Leben teilnehmen zu können. Auch wenn viele Menschen sich für absolut arm halten, so ist diese in Deutschland kaum vertreten. Absolute Armut bedeutet ein verfügbarer Betrag von weniger als einen Dollar (ca. 0,75 €) am Tag.[8]

---

[5] Vgl. armut.de, http://www.armut.de/definition-von-armut_gefuehlte-armut.php, entnommen am 27.08.2013
[6] Mittleres Einkommen, das die Einkommen in zwei Gruppen spaltet. In Deutschland derzeit ca. 1500 €
[7] Vgl. armut.de, http://www.armut.de/definition-von-armut_relative-armut.php, entnommen am 27.08.2013
[8] Vgl. armut.de, http://www.armut.de/definition-von-armut_absolute-armut.php, entnommen am 27.08.2013

1.3 Warum Armut in Deutschland existiert

Warum sind Menschen arm und das in einem Land wie Deutschland? Und sind diese Menschen wirklich arm?

Gründe für Armut gibt es viele. Arbeitslosigkeit, ein zu geringes Einkommen, Berufsunfähigkeit durch Krankheit, Schulden oder Bildungsmangel sind nur einige davon. Vor allem aber der zuletzt genannte Bildungsmangel ist ein Grund dafür, dass Menschen in Deutschland wenig Geld zum Leben haben. Kein Schulabschluss heißt keine Ausbildung und das wiederum bedeutet kein guter Job. Es ist ein ewiger Kreis. Gerade diesen Kreis wollen wir mit unseren Auszubildenden durch das Erlernen eines Berufes durchbrechen.[9]

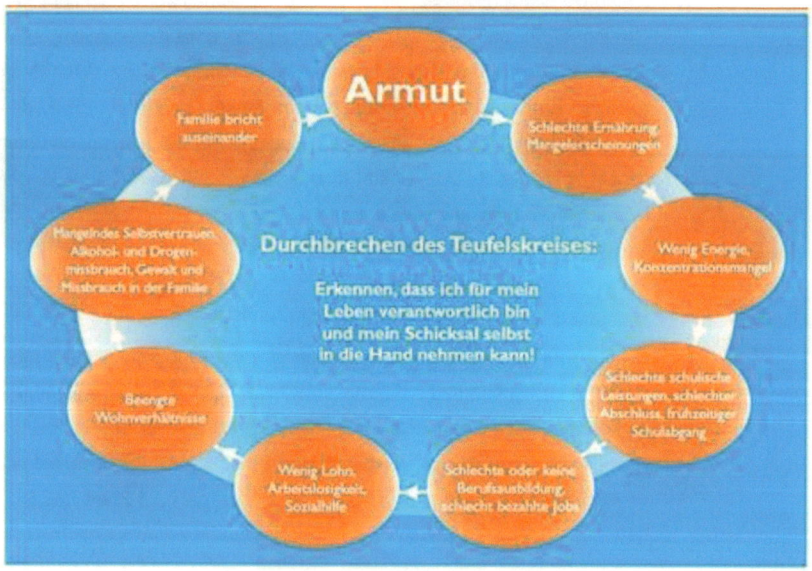

Quelle: http://www.armut.de/aspekte-der-armut_der-teufelskreis-der-armut.php, entnommen am 27.08.2013

---

[9] Vgl. armut.de, http://www.armut.de/armut-in-deutschland_ursachen-der--relativen--armut-in-deutschland.php, entnommen am 27.08.2013

2 Umgang mit Geld – Willkommen im Alltag

2.1 Ausgangsituation

Viele unsere Auszubildenden kommen zu uns und sagen, dass sie kein Geld mehr haben, um sich eine Fahrkarte zu kaufen und fragen ob die Möglichkeit besteht noch weitere Gelder zu beantragen. Leider müssen wir dies meist verneinen. Erstaunlicherweise sind es jedoch meist die Auszubildenden, die noch zu Hause wohnen und auch kein Geld abgegeben müssen. Aber auch alle anderen haben immer Geldprobleme, zumindest empfinden sie es so. Wir wollen unseren Auszubildenden vor Augen führen wie viel Geld diese wirklich im Monat bekommen und wo es Einsparmöglichkeiten gibt.

2.2 Erfassen der Einnamen oder Ist es wirklich so wenig?

Würde man die Auszubildenden fragen, ob sie arm sind, dann würden diese sofort sagen: Ja! Im ersten Schritt wird mit den Auszubildenden berechnet, wie viel Geld man zur Verfügung hat. Aus datenschutzrechtlichen Gründen kann dies natürlich nicht mit eigenen Daten erfolgen, es wird zu Darstellung daher mit unserem Auszubildendendummy „Herbert" gearbeitet. Herbert ist ein imaginärer Auszubildender, er hat als Auszubildender eine Ausbildungsvergütung von 316,00 € im 1. Lehrjahr, wohnt allein in einer Wohnung für die er 350 € Miete zahlt. Außerdem erhält er 550 € Zuschüsse zum Lebensunterhalt vom Staat. Doch Herbert hat nie Geld und Herbert sagt selbst „Ich bin arm".

Es gilt nun festzustellen, welche Einkünfte hat Herbert und welche Ausgaben stehen diesen gegenüber. Die Einnahmen betragen in diesem Fall 856 €.

Die Auszubildenden erstellen für sich selbst eine Tabelle in denen sie ihre eigenen Einnahmen erfassen, die wir später noch benötigen. Oft kommt bereits hier der erste Aha Effekt, dass es doch gar nicht so wenig Geld ist, was Ihnen zur Verfügung steht.

Meist sehen die Auszubildenden gar nicht das gesamte Einkommen, da es oft an unterschiedlichen Tagen ausgezahlt wird. So kommt die Ausbildungsvergütung am 30. des Monats, aber da am 01. die Miete fällig ist, wird dieses Einkommen einfach „übersehen".

2.3 Erfassen der Ausgaben oder Wo ist mein Geld nur hin?

Das Erfassen der Ausgaben stellt sich meist etwas schwieriger dar. Die Möglichkeit der Zahlung mit der EC-Karte führt bei vielem zum Verlust des Überblickes über die Ausgaben. Auf die Frage für was Geld ausgegeben wird bekommt man vielleicht noch eine Antwort, aber wie viel für was genau, das kann kaum einer beantworten. Wir haben den Auszubildenden die Aufgabe gestellt, für einen Monat, genau vom 1. bis zum 30. des Monats alle Kassenbelege zu sammeln, um eine Grundlage zu haben. Im Rahmen des Excel Unterrichts sollten die Auszubildenden Ihre Belege mitbringen und in Tabellen erfassen. Dabei gab es Kategorien wie Kosmetik, Kleidung, Nahrungsmittel oder Getränke. In einer Übersichtstabelle wurden die Beträge dargestellt und eine Summe errechnet. Um den Datenschutz zu waren wir die weitere Arbeit in Einzelgesprächen fortgesetzt.

2.4 Zuviel Geld für Kosmetik? Das gibt es nicht

In den Einzelgesprächen setzen wir uns zusammen mit dem Auszubildenden hin und sehen uns deren Einnahmen und Ausgaben genauer an. Wir versuchen herauszufinden, wo die Auszubildenden noch Geld einsparen können. Meist handelt es sich dabei um Kosmetik oder Kleidung bei den Mädchen/Frauen und Computerspiele bei den Jungs/Männern. Einsicht ist dabei aber leider selten feststellbar, denn zu viel Geld geben sie nach eigener Meinung dafür natürlich nicht aus. Alternativ versuchen wir noch andere Wege aufzuführen, z.B. ein Anbieterwechsel beim Strom oder Gas, Wechsel des Telefonanbieters bzw. des Tarifs usw. Wir versuchen so einen Kompromiss für die Auszubildenden zu finden, etwas weniger Ausgaben für die schönen Dinge und etwas gespart bei den nötigen und schon ist die Fahrkarte für die Ausbildung bezahlt.

2.5 In Zukunft wird alles anders oder auch nicht

Auch wenn wir den Auszubildenden durch diese Vorgehensweise oft die Augen öffnen könnten für ihre Situation und auch im ersten Augenblick eine Einsicht zu erkennen ist, so ist dies jedoch meist nur von kurzer Dauer. Der Wechsel des Strom- oder Gasanbieters erfordert Eigeninitiative, aber diese sind sie nicht bereit zu erbringen, haben es einfach wieder vergessen oder sind dadurch überfordert. Um Hilfe bitten, ist schwerer als zu sagen, dass man es längst erledigt hat. Das Einsparen an den schönen Dingen fällt jedoch noch schwerer, sodass spätestens nach 2 Monaten die Meisten wieder da stehen und meckern über zu wenig Geld im Portmonee.

Den Umgang mit Geld zu erlernen ist schwer und wenig Geld zu haben macht es noch schwerer. Geleitet von den Medien und nicht zuletzt auch den Freunden will keiner auf etwas verzichten und so wird schnell aus einem T-Shirt ein In-Merkmal, auf das man nicht verzichten kann.

2.6 Anderen geht es schlechter

Wie bereits in den Stufen der Armut erwähnt, können wir uns absolute Armut kaum vorstellen und trotzdem würden sich die Auszubildenden selbst als „absolut Arm" bezeichnen. Um ihnen die Augen zu öffnen und ein Gefühl dafür zu bekommen, dass es noch viel ärmere gibt, machten wir zusammen einen Ausflug in Obdachlosenheime oder gehen durch die Innenstadt wo sich oft Obdachlose zum Betteln aufhalten. In den Heimen sprechen wir mit Obdachlosen, um mehr über sie und ihr Schicksal zu erfahren und zu zeigen, wie schnell man in eine Situation gerät, die man nicht so schnell wieder beheben kann.

Der ein oder andere fängt spätestens jetzt an zu überlegen, ob es ihm wirklich so schlecht geht und gewinnt auch neuen Elan die Ausbildung durchzustehen, damit es ihm vielleicht nicht eines Tages genauso ergeht.

3   Fazit

Zu Beginn meiner Tätigkeit als Ausbilderin war ich oft schwer davon berührt, wenn ein Auszubildender vor mir stand und nicht mehr wusste, wie er noch Essen kaufen sollte oder nicht wusste, wovon er die Fahrkarte kaufen kann. Ich habe versucht über die Jobcenter oder andere Stellen Geld oder eine Fahrkarte zu bekommen, um ihnen zu helfen. Auch heute versuche ich das natürlich, bin jedoch sehr skeptisch geworden und lasse mich selten emotional davon berühren.

Wer von uns allen hat jemals genug Geld? Doch, wie viel ist denn genug. Nicht wenige der Auszubildenden leben noch zu Hause und haben außer für die Fahrkarte ihr Geld zur freien Verfügung. Wie viele Arbeitnehmer können sagen, dass sie nach Abzug aller Ausgaben noch 250 € nur für sich selbst und ihr Vergnügen zur Verfügung haben?

Natürlich ist das Geld in der Ausbildung knapp, vor allem für die die eine eigene Wohnung haben und immer wieder höre ich das es mit Hartz IV auch nicht weniger war, aber nur mit Ausbildung können sie den Sprung aus Hatz IV schaffen und sind unabhängig vom Amt.

Quellverzeichnis

Armut.de

http://www.armut.de/ entnommen am 20.08.2013

Wikipedia

http://de.wikipedia.org/wiki/Armut entnommen am 03.09.2013

Bundesministerium für politische Bildung

http://www.bmz.de/de/service/glossar/A/armut.html, entnommen am 02.09.2013

Prof. Dr. Nick Lin-Hi,

http://wirtschaftslexikon.gabler.de/Definition/armut.html, entnommen am 02.09.2013